《带你走进博物馆》丛书编辑委员会

主　任：单霁翔
副主任：马自树　董保华　童明康
　　　　刘曙光　张自成　张广然

委　员：（按姓氏笔画排序）
王　莉　孙　机　朱晓东　刘铭威
安来顺　李耀申　李　游　陆　琼
何戍中　苏东海　宋向光　陈　红
辛庐江　罗　静　解　冰　谭　平

主　编：张广然

China (Hainan) Museum Of The South China Sea

带你走进博物馆

博物馆

SERIES

中国（海南）南海

中国（海南）南海博物馆　编著

文物出版社

图书在版编目（CIP）数据

中国（海南）南海博物馆 / 中国（海南）南海博物
馆编著. —— 北京：文物出版社, 2019.12
（带你走进博物馆）

ISBN 978-7-5010-6251-5

Ⅰ.①中… Ⅱ.①中… Ⅲ.①博物馆—介绍—海南

Ⅳ.①G269.276.6

中国版本图书馆 CIP 数据核字 (2019) 第 188298 号

中国（海南）南海博物馆

编　　著：中国（海南）南海博物馆

主　　编：辛礼学

编　　委：章佩岚　陈小冰　孙梦圆

执　　笔：孙梦圆

责任编辑：张小舟

印制责任：梁秋卉

出版发行：文物出版社

地　　址：北京市东直门内北小街 2 号楼

网　　址：http://www.wenwu.com

邮　　箱：web@wenwu.com

经　　销：新华书店

印　　刷：北京京都六环印刷厂

开　　本：880×1230 毫米　1/24

印　　张：4⅙

版　　次：2019 年 12 月第 1 版

印　　次：2019 年 12 月第 1 次印刷

书　　号：ISBN 978-7-5010-6251-5

定　　价：28.00 元

赠 言

  未成年人将要承担中华民族伟大复兴的重任。关心未成年人的健康成长，关心他们的思想道德的建设是我们每个人的责任。各类博物馆不仅是展示我国和世界优秀历史文化的场所，也是未成年人学习知识、培养情操的第二课堂。

  让这套丛书带你走进博物馆，让博物馆伴随你成长。

国家文物局局长 单霁翔

2004年12月9日

目 录　Contents

中国（海南）南海博物馆

馆长寄语

南海是我们的"祖宗海"。早在两千多年前的汉代，中国先民就开始对这片蔚蓝的国土进行艰苦的探索与经营。在悠远的历史长河中，商船破浪，货通万国；渔舟乘风，耕海千里，独特的南海文化在此间孕育而生，成为中国东南沿海乃至环南海周边地区居民的精神源泉，而今又在"一带一路"重要倡议的带动下，焕发出新的生命力。

2018年，中国（海南）南海博物馆承载着"一带一路"的时代使命，落成于琼海潭门中心渔港。千年的积淀与海洋文明的浸润，恰与这座新生的博物馆相得益彰。

"博物馆者，非古董品之墓地，乃活思想之育种场"，如何更好地利用丰富的丝路遗泽，讲出生动的南海故事，这是一个比较大的命题。作为一座年轻的国家级综合性博物馆，我们希望能够以丰富的展品、精彩的展览、热情的服务，令每一位参观者都能领略南海与海上丝路的历史、人文、自然风貌。同时，我们也希望能够以这册图文并茂的书籍，令每一位读者如临其境，体味文物之美，感受丝路精神，进而提升文化遗产保护意识，深化对中华文明的理解与认同。如此，才能让那些沉睡在海底的文物、掩藏在岛礁畔的遗迹、书写于水路针经书上的文字真正地活起来！

与时代同行，不忘初心，承载古今。

愿与诸位共勉之。

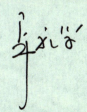

中国（海南）南海博物馆馆长

带你走进博物馆

中国（海南）南海博物馆概况

　　建设中国（海南）南海博物馆是海南省委、省政府积极响应国家"一带一路"倡议的重要举措。这是一座旨在展示南海人文历史、自然生态，保护南海文化遗产，促进海上丝绸之路沿线国家和地区文化交流的综合性博物馆。

中国（海南）南海博物馆外景

中国（海南）南海博物馆于2018年4月建成开馆。位于琼海潭门，距离博鳌亚洲论坛会址9公里，馆建筑由何镜堂院士领衔担纲设计，融合现代美学风格和中国文化元素，取义"丝路逐浪，南海之舟"。

中国（海南）南海博物馆占地150亩，总建筑面积70593平方米，其中展陈面积27000平方米，文物库房面积7900平方米。场馆依地势而建，分为南北两区，南区是主要的展览区域，有8个室内展厅和一个敞开式室外展廊，满足观众参观、文化休闲、社会教育等博物馆主要功能需求。北区作为辅助性功能区，有2个临时展厅，还有多功能厅、会议报告厅、接待厅等，设文创销售区和观众餐厅，服务社会公众。

带你走进博物馆

中国（海南）南海博物馆夜景

带你走进博物馆

　　此外，馆中还建有文物保护和修复中心，现代化的化学实验室、分析检测室、精密分析仪器室、出水文物保护修复实验室、器物修复室、书画修复室等硬件设施，为文物的保护和科学研究提供强大支撑。

　　浓厚的历史文化气息吸引着我们的脚步，奇幻多姿的海洋世界带给我们无限遐想，水下文化遗产充满神秘，海上丝绸之路遗珍蕴含异域风情。馆内基本陈列《南海人文历史陈列》《南海自然生态陈列》以及原创专题展览《八百年守候——西沙华光礁1号沉船特展》《探海寻踪——中国水下考古与南海水下文化遗产保护》等，通过琳琅满目的文物、形象逼真的场景设计和VR等科技手段的展示，使观众全方位地感受

中国（海南）南海博物馆外景

南海的独特魅力、了解博大精深中华传统文化。

　　开馆以来，我馆各项工作稳步推进，2017年成功申报成为"海南省爱国主义教育基地"，入选"首批全国中小学生研学实践教育基地"，被海南省政府评为"中国（海南）南海博物馆建设先进集体"；2018年被评为"海南省机关党员干部教育基地""海南省首家关心下一代党史国史教育基地"；入选"中国改革开放40年百项经典工程"，并在中国改革开放40周年海南建省30周年建筑文化系列活动中评选为"海南十大文化地标建筑"；《南海人文历史陈列》荣获第十六届（2018年度）全国博物馆十大陈列展览精品推介精品奖。

中国（海南）南海博物馆外景

带你走进博物馆

带你走进博物馆

南海人文历史陈列

　　《南海人文历史陈列》是中国（海南）南海博物馆的基本陈列之一，按时间线纵向分两汉——南北朝时期、隋唐——宋元时期、明清时期、民国时期、新中国时期五个历史部分，层层递进，从发现、命名、开发经营、持续和平有效管理四个方面横向展开，以翔实、严密的海疆研究成果为学术支撑，以文物和文献资料为依据，阐述中国在南海的历史性权利，追溯南海历史，讲好南海故事。

《南海人文历史陈列》序厅

《南海人文历史陈列》展厅

带你走进博物馆

一、两汉——南北朝时期

- 发现命名

　　中国先民在南海的活动已有2000多年的历史。早在汉代，中国人民就在南海航行，并在长期生产实践中发现了南海诸岛。

　　南海最早被称为"涨海"。东汉杨孚《异物志》记载："涨海崎头，水浅而多磁石。"其中"崎头"是中国古人对南海中礁屿和浅滩的称谓，"涨海"是中国古人对南海最早的命名。

　　三国至南北朝时期，依然称南海为"涨海"，对南海诸岛及相关海域有关情况的记录在文献中大量出现，并且都记载了"涨海"的地理和物产。

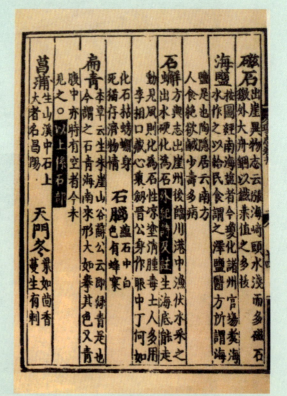

《异物志》

• 航路开辟

　　西汉以来，中国人民在南海的航行和生产活动有所增加，开辟了"海上丝绸之路"必经的黄金水道。《汉书·地理志》记载，广东徐闻、广西合浦是汉代海上丝绸之路的始发港。经过南海，通往今天的印度和斯里兰卡，可购得珍珠、琉璃、奇石异物等。

带你走进博物馆

汉代"海上丝绸之路"示意图

- 物产涨海

（晋）张勃在《吴录》中记载："涨海中，玳瑁如龟而大。"意为中国先民在南海发现了类似于海龟的玳瑁，但与海龟不同的是：玳瑁上颚前端勾曲呈鹰嘴状；背上由十三块背甲鳞片组成，且每块鳞片呈覆瓦状排列；背甲尾部呈锯齿状，而海龟嘴巴和背甲尾部较为平滑。

- 舟师涨海

两汉时期，中国的行政和军事活动已延伸至南海海域，其中（东晋）谢灵运在文献《武帝诔》中记载，大约在公元410年和411年，宋武帝刘裕"虎骑骛隰，舟师涨海"，与卢循展开了一场战斗，其主战场就是在南海诸岛。

二、隋唐——宋元时期

- **命名演进**

隋唐——宋元时期（581–1279年），中国人民对南海诸岛及相关海域有了进一步的认识，开始对南海不同地区、不同群岛加以区别，分别命名。

宋代时期《琼管志》是较早命名西沙群岛和南沙群岛为"千里长沙"和"万里石塘"的文献。

- **甘泉岛唐宋居住遗址**

甘泉岛位于中国西沙群岛西北部的永乐环礁，呈椭圆形，渔民以此称之为圆峙、

甘泉岛唐宋居住遗址复原场景

带你走进博物馆

圆岛。1974年，考古专家在岛的西北部发现了唐宋居住遗址，出土有唐宋时期的陶瓷器、铁刀、铁凿等遗物，还有人们食用后废弃的鸟骨、螺壳以及燃烧后的炭粒灰烬。出土文物质地、款式花色和广州西村窑出土的相仿，这说明来自中国内地的民众在很长的一段时间里在甘泉岛上生产生活。清末（1909年）广东水师提督李准巡海时发现此岛有一口淡水井，井水甘甜可口，甘泉岛因此得名。

甘泉岛投影

带你走进博物馆

• 丝路初盛

　唐宋时期（618–1276年），随着航海、造船技术的进步，"海上丝绸之路"进入繁荣发展的兴盛期，南海成为中外交流的重要通道，在海上丝绸之路中的作用更加凸显。南海中诸多的沉船遗址和丝路遗珍既是中国人民开发南海的佐证，也是海上丝绸之路兴旺发达的重要见证。

• 青釉旋纹鼓腹小罐

　南宋，华光礁Ⅰ号沉船出水。口径3.6厘米，足径7厘米，高8厘米，可谓小巧精致，是船中出水的少量精品瓷器，为江西景德镇产品。

青釉旋纹鼓腹小罐

• 青白釉菊瓣纹盘口小瓶

南宋，华光礁Ⅰ号沉船出水。口径5.5厘米，足径5.1厘米，高10.5厘米，盘口，短颈，圆腹，圈足，外撇。外壁饰有菊瓣纹，不失优雅。

龙泉窑青釉双鱼洗

青白釉菊瓣纹盘口小瓶

• 龙泉窑青釉双鱼洗

元代，口径12.4厘米，足径4.6厘米，高4.1厘米，此器型折沿，弧腹，圈足，胎内底部模印有双鱼轮廓。双鱼洗盛行于东汉时期，多为首尾相对。双鱼纹饰源于人们在生产生活实践中对自然界的观察、提炼和借鉴，更反映出人们对吉祥美满生活的向往。

郭守敬（1231—1316年）

- 四海测验

　　元至元十六年（1279年），元世祖忽必烈派太史院同知郭守敬在全国选取了27个观测点，进行天文测量。其中，南海测影所位于南海海域，表明南海诸岛在中国元代疆域四至范围内。

三、明清时期

- **深耕南海**

　　南海是中国渔民的祖宗海，他们以海为生，世世代代在南海上生产。以潭门渔民为例：在南海上捕捞的主要方式是站峙和行盘，站峙就是将船行驶到各大岛礁，居住在岛上从事捕捞和农业种植等生产活动。行盘是站峙人的浅海捕捞活动，也称为"作海"。因此在西沙群岛许多岛礁上都留有传统的捕鱼工具如渔网、鱼叉、鱼笼等。

- **108兄弟公庙**

　　108兄弟公崇拜是南海诸岛独有的民间海洋信仰。渔民中流传着一段古老的传说：远在明朝的时候，海南岛有108位渔民兄弟到西沙群岛捕鱼生产，在海上不幸遇难，后来又有渔民在西沙群岛作业时遭遇狂风巨浪，他们祈求遇难的108位渔民兄弟显灵保佑，获救后的渔民就在永兴岛等岛礁上用当地的珊瑚石立庙祭祀。目前在西沙群岛的多座小岛上还遗存着珊瑚石小庙。

108兄弟公庙

带你走进博物馆

• 青花缠枝花卉纹军持

　　明代，口径6厘米，足径9.5厘米，通高16.5厘米，腹径16厘米。侈口，长颈，圆鼓腹，平底，肩部置一金属制短流，无柄。通体以青花装饰，腹部绘缠枝花卉纹，花叶疏密有致，发色鲜艳莹润，金属短流雕饰一圈云纹和吉祥结。军持为宗教中用以饮水或净手的器皿，造型较为独特。

青花花卉纹粉盒

• 青花花卉纹粉盒

　　明代，口径4.2厘米，足径2.2厘米，通高2.2厘米，器身玲珑小巧，以蓝地白花花卉纹饰描绘盒身。

青花缠枝花卉纹军持

• 青花花卉纹粉盒

　　清代，口径3.9厘米，足径2.5厘米，通高3.8厘米，器身圆鼓，恰好是盈盈一手间，所绘青花花卉自然灵动。

青花花卉纹粉盒

青花花草纹壶

• 青花花草纹壶

　　清代，口径5厘米，足径5.2厘米，通高10厘米，瓜棱形，曲柄，短弯流，瓜形盖，圈足。盖及腹部绘花草纹，青花娇艳，清新明快，花枝花叶层次分明，颇得工笔花鸟技法之妙。此壶造型精致，纹饰简洁，淡雅中更添几分闲逸之趣。

青花缠枝花卉纹碗

• 青花缠枝花卉纹碗

　　明代，口径12.3厘米，足径4.2厘米，通高6厘米。撇口，弧壁，圈足，外壁以青花绘缠枝花纹，内口沿饰卷草纹一圈。缠枝花是中国古代传统纹饰之一，以植物的枝干或者藤蔓做骨架，向上下左右延伸，循环往复，变化无穷。其名在宋亦有之，张孝祥在《燕归梁》里就有"风柳摇丝花缠枝"之句。

青花花卉纹八棱小罐

- 青花花卉纹八棱小罐

　　明代，口径3.1厘米，足径3.5厘米，高4.9厘米。此罐不仅绘图精美，而且造型奇特，富有想象力。

带你走进博物馆

• 石雕建筑构件

　　2015年，在西沙群岛珊瑚岛海域发现的一条清代沉船上打捞出水石人像、石柱、石板、石杵等七大类37件石建筑构件。石构件多为修建祠堂或庙宇的建筑材料，与福建清代祠堂或庙宇中的石建筑构件近同，应是在福建、广东等地打制后运往海外修建庙宇所使用的。这件石雕当为拴马桩。

石雕建筑构件

- 《更路簿》

《更路簿》是海南渔民世世代代航海经验积累和集体智慧的结晶。"更"既表示时间，又表示里程。"路"是指航海罗盘指示的针路，即船的航向。"更路"二字合起来，表示从出发地到目的地之间的时间、距离以及航向。《更路簿》中的"簿"即本子或小册子，一般为棉纸或草纸制成，上面书写更路条文。

在古老的帆船时代，海南渔民就以《更路簿》配合航海罗盘，娴熟地掌握帆船驾驶技术，开拓出几乎覆盖整个南海的航路。目前发现的《更路簿》有近30余种，所记载的作业路线及贸易路线一共400余条。在年复一年的航海实践中，海南渔民用海南话给南海岛礁命名，多根据岛礁的地貌、气候、水文、海产、大小、传说等地理特征给予形象命名。

2008年6月，《更路簿》被列入中国第二批国家级非物质文化遗产保护名录，是研究中国人民开发经营、和平利用南海诸岛的珍贵文献。

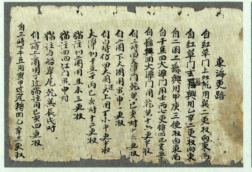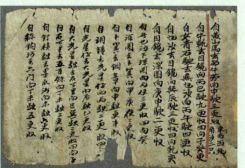

《东海更路簿》

• 青花荷蟹纹菱口盘

　　明代，口径41.5厘米，西沙群岛海域出水。菱花口内壁纹饰以弦纹分为两组，宽沿沿面上绘荷塘禽鸟纹，盘心则绘有荷塘、禽鸟、螃蟹等纹饰，寓意"和谐"。

铜锭

青花河蟹纹菱口盘

• 双龙宝星

　　这枚勋章中心镌刻满文，并用汉文刻有"御赐双龙宝星"的字样，镶嵌着两颗一大一小的红色珊瑚，为双龙戏珠造型。

• 铜锭

　　馆藏明代铜锭长28厘米，宽16厘米，是作为制作货币的原料，也是船舶压舱之物。

双龙宝星勋章

四、民国时期

20世纪30年代至40年代，法国和日本先后侵入中国南沙群岛九小岛、中国西沙群岛和南沙群岛，中国人民奋力抗争，捍卫主权。

• 开发经营

民国时期，中央政府和广东地方政府曾多次审批华商开采南海岛礁鸟粪以及水产的申请，并在东沙岛建立气象台、无线电和灯塔，保障船舶的安全。

• 九小岛事件

1930-1933年，法国非法占领中国南沙群岛的九个小岛，并进行定名，史称"九小岛事件"。

• 岛屿命名

国民政府对法占"九小岛事件"提出抗议。1933年6月，由外交部、内政部、海军部等官方机构组成"水陆地图审查委员会"，负责审查全国各地出版的水陆地图。

1935年1月，在第一期会刊中刊登了《中国南海各岛屿华英名对照表》，并首次将南海诸岛划分成四个部分。1935年4月公布了《中国南海各岛屿图》，并将中国领土界限最南端标绘在大约北纬4°的曾母暗沙。

带你走进博物馆

- 收复诸岛

第二次世界大战结束后，中国政府根据包括《开罗宣言》和《波茨坦公告》等在内的国际法文件，收复并进驻南海诸岛。1946年11月，任命海军上校林遵为西南沙接收工作指挥官，姚汝钰上校为副指挥官，林遵率"太平"号军舰、"中业"号军舰开赴南沙群岛执行接收任务；姚汝钰率"永兴"号军舰、"中建"号军舰开赴西沙群岛执行接收任务。

- 测绘制图

1946年10月，内政部方域司派著名地理学家郑资约作为接收南沙群岛专员，随同接收舰队前往南沙群岛，对南海诸岛实地测量。于1947年组织编写《南海诸岛地理志略》，审定《南海诸岛新旧名称对照表》，并绘制标有南海断续线的《南海诸岛位置略图》。

郑资约（1901-1981年）

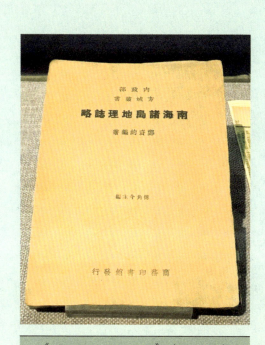

《南海诸岛地理志略》（印刷本）

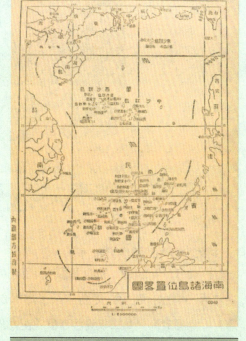

《南海诸岛位置略图》（1947年）

带你走进博物馆

带你走进博物馆

海军收复西沙群岛纪念碑

- 海军收复西沙群岛纪念碑

　　1946年11月24日，舰队副指挥官姚汝钰和参谋张君然率"永兴""中建"两舰进驻西沙群岛，在永兴岛上立下了海军收复西沙群岛纪念碑。正面碑文为"南海屏藩"，背面刻有"海军收复西沙群岛纪念碑"，此碑至今仍立于永兴岛上。

五、新中国时期

　　1950年海南岛解放，从此揭开南海诸岛行政区划更加科学、更加完善、更加规范的新时代。

　• 加强建制

　　1950年，南海诸岛行政关系隶属于广东省海南行政区。1988年4月13日，海南建省。管辖范围包括西沙群岛、南沙群岛、中沙群岛的岛屿及其海域。

　• 地名标准化

　　1983年4月，中国地名委员会受权经新华社公布了南海诸岛部分标准地名，共287个群体和个体名称。

　• 巡航执法

　　新中国成立之初，南海的海上执法由海军行使，随着海上交通安全、海洋渔业资源的利用和保护、海洋权益和海洋环境保护等法律法规的制定与实施，中国主要的海洋执法监督、监察力量相继建立，形成了多种行政执法队伍。

　• 三沙设市

　　2012年6月，经国务院批准，民政部发布《民政部关于国务院批准设立地级三沙市的公告》，地级三沙市管辖西沙群岛、南沙群岛、中沙群岛的岛礁及其海域。

带你走进博物馆

• 岛礁设施建设

　　2015年至2016年，中国在南沙群岛的华阳、赤瓜、渚碧、永暑、美济礁先后建设5座灯塔，为船舶提供定位参考、航路指引、安全信息等高效的导航助航服务，有利于提升周边水域助航、通航管理以及应急搜救能力。

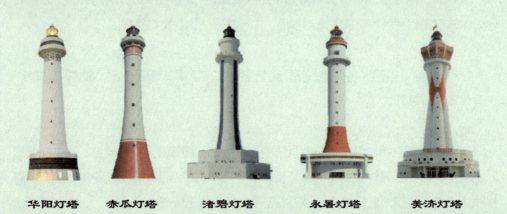

华阳灯塔　　　　赤瓜灯塔　　　　渚碧灯塔　　　　永暑灯塔　　　　美济灯塔

南沙群岛灯塔

带你走进博物馆

• 西沙群岛赵述岛全景实时VR影像

　　赵述岛为纪念明代赵述奉命出使三佛齐而得名，是西沙群岛中宣德群岛的七连屿中第三大岛，岛形近圆状，长600米，宽300米。展览通过三沙岛礁360°全景高清实时（VR影像展示）让观众在展馆中感受千里之外的南海之美。

西沙群岛赵述岛全景实时VR影像

南海自然生态陈列

　　《南海自然生态陈列》是中国（海南）南海博物馆的基本陈列之一，此陈列以"南海记忆""南海花园""南海宝藏""南海风云""保护南海"为主题，通过海洋生物标本、陆地生物标本、矿物与活体海洋生物等展示内容，利用光、影、声等展示手段，结合触控、虚拟现实等展示技术，全面、生动地展示了南海自然生态、生物与资源的多样性。

《南海自然生态陈列》展厅

一、南海记忆

南海位于中国大陆南面，是一个东北——西南走向的半闭海。其北靠中国大陆和台湾岛，南接加里曼丹岛和苏门答腊岛，东临菲律宾群岛，西接中南半岛和马来半岛；通过狭窄的海峡、水道，东与太平洋相连，西与印度洋相通。

· 南海岛礁

中国的南海诸岛包括东沙群岛、西沙群岛、中沙群岛和南沙群岛。这些群岛分别由数量不等、大小不一的岛、礁、滩、沙等组成。

东沙群岛，古有"月牙岛"之称，主要由东沙岛、东沙礁（环礁）、南卫滩（暗礁）和北卫滩（暗礁）所组成。

西沙群岛，主要由永乐群岛和宣德群岛组成，共有22个岛屿，7个沙洲。

中沙群岛由隐没在水中的暗沙、滩、礁、岛所组成，只有黄岩岛南面露出了水面。

南沙群岛是岛礁最多，散布范围最广的一椭圆形珊瑚礁群。曾母暗沙是中国领土的最南点。

· 南海通道

南海有多个海峡和水道与其他海域相通。东北有台湾海峡与东海相通，有巴士海

峡、巴林塘海峡和巴布延海峡与太平洋相通；东南有民都洛海峡、巴拉巴克海峡与苏禄海相通；南部有邦加海峡、卡里马塔海峡、加斯帕海峡与爪哇海相通；西南有马六甲海峡与印度洋的安达曼海相通。中国的琼州海峡是南海内部的海峡。

二、南海花园

南海海域环境包括滩涂、潟湖、浅海大陆架、大陆坡和深海，从而造就了南海自然生态系统的多样性和物种的多样性。

多样的南海生物资源

　　在南海地区存在着河口生态系统、港湾生态系统、海岸生态系统、海岛生态系统、深海生态系统、上升流生态系统、珊瑚礁生态系统和红树林生态系统等多种自然生态系统。这种生态系统的多样性孕育、滋生出了物种的多样性。

（一）红树林生态系统

　　红树林指生长在热带、亚热带潮间带上部，受周期性潮水浸淹，以红树植物为主体的常绿灌木或乔木组成的潮滩湿地木本生物群落。它生长在与海洋交界带的滩涂浅

中国（海南）南海博物馆的红树林景观

带你走进博物馆

41

滩，是陆地向海洋过渡的特殊生态系统。我国红树林主要分布在广西、广东、台湾、海南、福建和浙江南部沿岸。

红树林名称源于红树科植物木榄，树皮割开后是红色的。人们在砍伐这种植物时，发现不仅裸露的木材显红色，而且砍刀的刀口也变成红色，他们就利用这种植物来制作红色染料。组成红树林的主要植物种类是红树科植物，如木榄、秋茄、海莲、角果木、红树等，他们的树皮富含单宁酸，在空气中氧化后呈红褐色。

1. 红树林的生长特征

· 特殊根系

红树林最引人注目的特征是密集而发达的支柱根，很多支柱根从树干的根基长出，牢牢扎入淤泥中形成稳固的支架，使红树林可以在海浪的冲击下屹立不动。红树林经常处于被潮水淹没的状态，空气非常缺乏，因此许多红树林都具有呼吸根，呼吸根外表有粗大的皮孔，内有海绵的通气组织，满足了红树林植物对空气的需求。

· 胎生现象

红树林最奇妙的特征是所谓的"胎生现象"。红树林中的很多植物的种子还没有离开母体的时候就已经在果实中萌发，长成棒状的胚轴。胚轴发育到一定程度后脱离母树，掉落在海滩的淤泥中，几个小时后就能在淤泥中扎根生长而成为新的植株。

· 泌盐现象

　　热带海滩阳光强烈，土壤富含盐分，红树林植物多具有盐生和适应生理干旱的形态结构，植物具有可排除多余盐分的分泌腺体，叶片则为光亮的革质，利于反射阳光，减少水分蒸发。另外，红树植物的细胞主要由一些特定的脂类组成，盐离子不易通过，有利于植物从海水中吸收水分。

2. 红树林的价值

· 生态价值

　　红树植物的根系十分发达，是天然的海岸防护林。红树林对海浪和潮汐的冲击有着很强的适应能力，可以护堤固滩、防风浪冲击、保护农田、降低盐害侵袭，对保护海岸起着重要的作用。有"海岸卫士"之称。

　　红树林可净化海水，吸收污染物，降低海水营养化程度，防止赤潮发生。

　　由于红树林具有热带、亚热带河口地区湿地生态系统的典型特征以及特殊的咸淡水交叠的生态环境，为众多的鱼、虾、蟹、水禽和候鸟提供了栖息和觅食的场所。因此，红树林蕴藏着丰富的生物资源和多样性物种。

· 经济价值

　　红树林还具有特殊经济效益。例如红树科植物木榄、海桑、桐花树木材质地优良，是造纸的好原料；黄槿、卤蕨的嫩叶经处理后可作为蔬菜食用，丰富的鱼虾蟹类有助于人类渔业发展；白骨壤、红榄李、木榄、秋茄等红树植物的树叶可作为牛羊等家畜的饲料。

（二）珊瑚礁生态系统

　　珊瑚礁生态系统是海洋中生产力最高的生态系统，被称为"海洋中的热带雨林"。珊瑚礁为大量海洋生物提供了食物、住所和藏身之处。这里是众多海洋生物的生存世界，可别小看它们，它们的生存技能超乎你的想象。

1. 像花一样，固着生长的南海生物

　　珊瑚是一种刺胞动物，可分为造礁珊瑚与非造礁珊瑚两大类。造礁珊瑚主要分布于温暖、透明度高、贫营养的热带浅水海域。在全球相应地可划分为两个区系，即大西洋–加勒比海区系和印度–太平洋区系。南海属印度–太平洋区系，其所拥有造礁珊瑚种类约占其所在区系物种总数的1/3左右。

珊瑚标本展示

多曲杯形珊瑚

• 多曲杯形珊瑚

　　长39厘米，宽25厘米，高21厘米，分布在南海。触手呈指状，隔膜成对发生，有蔓延的分枝、小枝向外伸展，仿佛生命还在延续。多曲杯形珊瑚生长在平坦海域的环礁表面，尤其是水深10米以内、水流较强的海域，是滤食浮游性生物。

• 多孔同星珊瑚

　　长34厘米，宽29厘米，高18厘米，分布在南海。为蜂巢珊瑚科同星珊瑚属的一种珊瑚。形态是珊瑚骼皮壳块状，珊瑚杯圆形或椭圆形，排列紧密。相邻的珊瑚杯之间有环形沟隔开，隔片边缘刺状凸起，形成锯齿形，两侧有颗粒，生活时呈黄绿色或绿色。

多孔同星珊瑚

带你走进博物馆

2. 缓慢移动，滤食吞食的南海生物

棘皮动物和海绵动物，都是缓慢地移动着，依靠自身的特殊构造来滤食、吞食食物。其中就有我们非常熟悉的海星、海胆、海参以及海绵。

• 多腕葵花海星

长22厘米，宽22厘米，高2厘米，分布在南海。多腕葵花海星属于棘皮动物。有口面和反口面之分，生活时口面向下，反口面向上，也就是我们最常见到的这种姿态。骨骼很发达，能够缓慢移动，摄食方式为滤食吞食。

海星

多腕葵花海星

• 海星

长23厘米，宽23厘米，高4厘米，分布在南海。海星是棘皮动物中结构、生理最有代表性的一类。海星看上去不像是动物，从其外观和缓慢的动作来看，很难想象出，海星竟是

一种贪婪的食肉动物。它的主要捕食对象是一些行动较迟缓的海洋动物，如海胆、螃蟹和海葵等。它捕食时常采取缓慢迂回的策略，慢慢接近猎物后，用腕上的管足捉住猎物，海星立刻将胃袋翻出并分泌消化酶，再用胃包围吞咽食物一同进入口内。

• 石笔海胆
　　长22厘米，宽20厘米，高15厘米，分布在西沙群岛。生活在热带珊瑚礁洞

石笔海胆

内，颜色很美丽。石笔海胆俗称烟嘴海胆，其壳坚厚，大棘长可达7-8厘米，很粗，下部为圆柱状，上端膨大为球棒状或三棱形，是珊瑚礁内著名的海胆。在我国的西沙群岛和海南省沿海分布十分普遍。

3. 储造药物，含有毒素的南海生物

　　在南海的产毒鱼类中，以鲀类最为出名。这些鲀类身体大多含有河鲀毒素。河鲀毒素是自然界中所发现的毒性最大的神经毒素之一，其毒性比氰化物还要高1250多倍，0.5毫克即可致人死亡。不过这些可以致死的毒素，也有有利的一面。临床上，河毒素针剂可以用于治疗神经痛，镇痛的时间可达12-20小时。

• 红腹叉鼻鲀
　　长18厘米，宽6厘米，高6厘米，分布在南海。栖息于沙石底质海域，游泳

带你走进博物馆

红腹叉鼻鲀

突起，体上有许多深色圆点。是暖水性近海底层鱼类。游泳缓慢，借骨甲以自卫。

4. 争斗依存，发光发电的南海生物

在海洋世界里，无论是广袤无际的海面，还是万米深渊的海底都生活着形形色色、光怪陆离的发光生物，宛如一座奇妙的"海底龙宫"。

速度缓慢，常躲藏于礁石洞穴中，受到攻击时会吸入海水使身体鼓胀成圆球状，并竖起棘刺使敌人无法吞食。

• 尖鼻箱鲀

长35厘米，宽10厘米，高8厘米，分布在南海。俗名叫灯笼龟鱼，体被多角形板状鳞合成的骨甲所包，吻端在口上方的骨甲向前形成一鼻状

尖鼻箱鲀

• 蓑鲉

长30厘米，宽10厘米，高10厘米，分布在南海。蓑鲉典型特征就是大大的扇子一样的胸鳍，不善游泳，往往躲在礁缝中，等待猎物接近时立刻捕捉。背鳍上的棘刺毒性很强，被刺后会使人呼吸困难，甚至晕厥。

蓑鲉

• 黄鮟鱇

长26厘米，宽16厘米，高5厘米，分布在南海。黄鮟鱇属于硬骨鱼，喜欢生活在深海底下。通常以触吻触手及饵球来引诱猎物，瞬间一口吸入，大快朵颐。发光的部位，一般在它的眼睛、下颚、身体两侧。发

黄鮟鱇

光鱼所发出的颜色是不一样的。正因为它发出的颜色不一样，才使自己能够准确地找到同类。

带你走进博物馆

5. 互利共生，搭车旅行的南海生物

　　有些不同物种的海洋生物它们共生的方式也是千奇百怪，比如鲨鱼与鱼类为伍，鱼类与虾共生。它们会互相保护，相互喂食，甚至互相清洁对方的身体。

• 锤头双髻鲨

　　长60厘米，宽10厘米，高10厘米，分布在南海。头宽而平扁，呈锤或铲形，两眼及两鼻孔均分别位于头侧突出部分的两端，可更容易辨认气味。每当季节更替的时候，大群的双髻鲨会组成浩浩荡荡的迁徙队伍，做一次长途旅行。为肉食性动物，以其他软骨鱼类、硬骨鱼类及头足类、甲壳类等底栖生物为食。

锤头双髻鲨

• 鮣（yìn）

　　长60厘米，宽10厘米，高10厘米，分布在南海。鮣鱼又名吸盘鱼，常以吸

鮣

盘吸附船底或大型鲨鱼、海龟的下腹。被视为"免费旅行家"。不过鲫鱼也不是白白"搭车"，它们也可以吃鲨鱼剩下的食物残渣，帮助清除鲨鱼身体上的寄生物质，而鲫鱼因为有了鲨鱼的保护，就不会被其他鱼类吃掉，处境十分安全。

（三）海草床生态系统

海草是生活在热带和温带海域浅水的单子叶植物。海草在海洋生态系统中的作用非常重要，能净化水质、改善水质透明度、稳固海床、减缓波浪和潮流，为海洋生物提供繁殖、生长、庇护等栖息场所，为许多海洋生物直接或间接提供食物，在碳、氮、磷循环中扮演者非常重要的角色，对珊瑚礁和红树林生态系统起着承上启下的作用。

1. 偏爱底栖的南海生物

海洋底栖生物指栖于海洋基底表面或沉积物中的生物。这类生物自潮间带到水深万米以上的大洋超深渊带（深海沟底部）都有生存，是海洋生物中种类最多的一个生态类型，包括了大多数海洋动物门类、大型海藻和海洋种子植物。

• 背脊鳐（yáo）
　长140厘米，宽65厘米，高16厘米，分布在南海。鳐体呈圆形或菱形，胸鳍宽大，是偏

背脊鳐

鲎

爱底栖的海洋生物。鳐鱼捕食猎食的办法是躲在沙底，通过测探猎物肌肉收缩时发出的微弱电场来发现它，然后将躲藏在沙底下的猎物吸出来进行猎捕。

• 鲎（hòu）

　　长20厘米，宽10厘米，高40厘米，分布在南海。鲎一般生活在浅海海底，常在海底爬行或腹面向上仰泳，主要以小型无脊椎动物为食，具有昼伏夜出的习性。鲎是中国国家二级重点保护动物，也是地球上最古老的物种之一，具有"活化石"之称。鲎的血液中含有丰富的铜离子，因此它的血液呈蓝色。鲎的血液还有遇见病毒就立刻凝固的特性，于是科学家便从鲎的血液中提取出"鲎试剂"，用作制药和食品工业中毒素污染监测剂，以及用来检测人体内部组织是否遭受病菌的感染。

2. 仔幼延续，趋于濒危的南海生物

海龟是曾与恐龙共存，现今仍然存在的物种。早在1.5亿年前就出现在地球上，尽管它们在地球上有着悠久的历史，但海龟现在也面临着严重的生存危机。目前在大海中畅游的7种海龟，都受在潜在的威胁。

· 蠵（xī）龟

长88厘米，宽90厘米，高35厘米，分布在南海。蠵龟又名红海龟，是现存最古老的爬行动物。体长100-200厘米，体重约为100千克。头较大，上、下颌均具极强的钩状喙。主要捕食底栖或漂浮的甲壳动物、软体动物、水母和其他无脊椎动物，偶食鱼卵，也会食用海藻等植物性食物。蠵龟已被列入中国《国家重点保护野生动物名录》中列为 II 级保护动物。

蠵龟

三、南海宝藏

　　南海的海域辽阔，海底地形复杂，生态环境多样，同时深受季风、暖流的影响，加之水温高、季节变化小，故浮游生物特别丰富，适合各种鱼类、甲壳类、软体类、爬行类动物栖息、生长、觅食与繁衍，是名副其实的水族乐园。

（一）生物资源

　　南海海域有浮游动物600多种，主要类群为桡足类和水母类；大型底栖生物1000多种，主要类群为软体动物、节肢动物和脊索动物。其中西南中沙群岛海区的浮游动物种类多、数量大。鱼类有2000种左右，其中经济鱼类约800种，价值高的有200多种；珍贵水产品有珠贝、鲍鱼、海参、海龟、玳瑁、抹香鲸等。岛屿陆生动物主要是海鸟类，有鲣鸟、鹭、鸥、军舰鸟等60多种10多万只。

1. 软体动物

　　它们身体柔软，种类繁多，而又形态各异。软体动物具有非常高的经济价值，可食用种类有我们非常熟悉的鲍、蚶、蛤、贻贝、扇贝、牡蛎、乌贼、章鱼等，这些物种因其富含蛋白质、无机盐和各种维生素等，是名副其实的海珍品。具药用价值的有

石决明（鲍鱼的贝壳）、珍珠、海螵蛸等；在工业方面，贝壳是烧制石灰的良好原料之一，珍珠层较厚的贝壳也是制作纽扣的良好原料；在工艺品与装饰品方面，很多贝壳具有独特的形状和花纹，富有光泽，绚丽多彩，是古今中外人士喜欢收集的玩赏品，如四大名螺，即唐冠螺、万宝螺、法螺和鹦鹉螺。

- **鹦鹉螺**
  贝壳最大可达26.8厘米，分布在南海。壳薄而轻，呈螺旋形盘卷；壳表面呈白色或乳白色，生长纹从壳的脐部辐射而出，平滑细密，多为红褐色。整个螺旋形外壳光滑如圆盘状，形似鹦鹉嘴，因此得名"鹦鹉螺"。鹦鹉螺在地球上经历过数亿年的演化，但其在外形、习性等方面变化甚小，因此也被称作海洋中的活化石，在研究生物演化和古生物学等方面具有很高的科学研究价值。

- **法螺**
  高35.1厘米，17厘米，分布在南海。

鹦鹉螺

法螺

属法螺科，由于古时寺院的出家人常将其作为法器，故名"法螺"，在海南民间俗称"凤尾螺"。螺壳顶部呈尖锥状，若磨去壳顶，可以吹出十分响亮的声音，因此古代的部族和军队常将它用作号角。

法螺常被称为珊瑚礁卫士。原来是棘皮动物里有一种海星，喜食珊瑚虫，而法螺是以海星为食，如此一来，法螺对于控制海星的数量、保护珊瑚礁和控制生态平衡等就具有重要的生态学意义了。

2. 节肢动物

节肢动物是动物界中种类和数量最为庞大的一个类群，绝大多数种类为陆栖动物，如昆虫，少数则生活在海水或淡水中，如虾类、蟹类。

- 三疣梭子蟹

长22厘米，宽7.5厘米，高25厘米，分布在南海等地。常栖于近岸的泥沙底部或水草中。经常用前3对步足的指尖在海底缓慢地爬行，用游泳足游动，或向侧前方前进，或向侧后方倒退。遇敌时，向上举起大螯自卫或攻击对方，或用游泳足末2节掘砂而将身体直立地潜入底内。它们有夜出觅食的习性，有明显的趋光性，可用灯火诱捕。

三疣梭子蟹

3. 哺乳类和海洋鱼类

• 小鳁鲸

　　小温鲸是典型的底栖动物，以虾类及小型鱼类为食。小温鲸演化出了甚为发达的下颚，形成裸露的尖吻，借此善于挖掘泥沙，鲸腔后颚保存有充足的饵料，无饥饿之虑，同时胃内还贮存了一些沙子和砾石，以帮助消化食物。

　　幼仔出世之后体长有3.6–5.5米，哺乳期为7个月，平均一昼夜可长2厘米，1龄鲸体长可达10米。小温鲸的母性本能特强，哺乳的雌鲸当遇到来犯之敌，往往是不顾一切奋力迎战，保护幼鲸。

小鳁鲸

带你走进博物馆

- 翻车鲀（tún）

翻车鲀是世界上最大、形状最奇特的鱼之一。它们的身体又圆又扁，像个大碟子。鱼身和鱼腹上各有一个长而尖的鳍，而尾鳍却几乎不存在，于是使它们看上去好像后面被削去了一块似的。它们常常在水面晒太阳，尽管其形状笨拙，但有时也会跃出水面。翻车鲀游泳速度较缓慢，当天气较好时，它会将背鳍露出水面作风帆随水漂流，晒太阳以提高体温；天气变坏时，就会侧扁身子平浮于水面，以背鳍和臀鳍划水并控制方向，还可用背鳍在海中翻筋斗而潜入海底。分布于栖息于各热带、亚热带海洋。翻

翻车鲀

车鲀为大型大洋性鱼类，最大体长可达3-5.5米，重达1400-3500公斤。怀卵量极多，可达3亿粒，是鱼类中怀卵数最多者。

4. 中上层游鱼

- **旗鱼**

旗鱼是一种热带、亚热带上层鱼类，属脊索动物门硬骨鱼纲鲈形目旗鱼科下旗鱼属。体呈圆筒形，稍侧扁；吻尖而长，呈枪状。侧位第一背鳍长而高，有黑色斑点，像随风飘展的旗子，故而得名旗鱼。

旗鱼

- **剑鱼**

剑鱼是一种大型的掠食性鱼类，属脊索动物门硬骨鱼纲鲈形目剑鱼科下剑鱼属。体长，具尖吻，其吻部约占其全长的三分之一。它的游速可达每小时130公里，是海洋中游速最高的鱼类之一。剑鱼的长吻是它攻击、捕食的主要武器。它飞出海面时的爆发力极强，

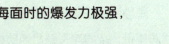

经常冲出海面以它的剑状长吻攻击大型鲸类和鱼类，也会攻击船只，致使船只沉没。在英国伦敦博物馆就保存着一块被剑鱼"长剑"刺穿的厚达50厘米的木质船板。

（二）能源资源

南海海域能源资源蕴藏量惊人，种类很多。不仅有气象能源（如风能、太阳能）和海洋能源（如潮汐能、波浪能、海流能、温差能、盐差能）等自然再生能源，而且有储量丰富的海水化学能源和海底石油天然气等矿产资源。

1. 矿产资源

南海地区矿产资源丰富、种类较多。在国内占有重要位置的优势矿产主要有锆英石、钛铁矿、石英砂、天然气、蓝宝石、水晶、铝土、油贡岩、化肥灰岩、玄武岩等10种。

在海岸带及近海海域最具优势的矿产资源主要是海砂资源和油气资源，其他矿产资源主要有角闪石、云母、褐铁矿、电气石、石英、绿泥石、绿帘石、火山泥、生物屑碳酸盐矿、黏土矿物型矿产资源、铁锰结核、针铁矿结核、海绿石等。

2. 海砂资源

海砂资源主要分布在近海一带。近海包括滨海和浅海。滨海包括古海岸带和现代海岸带，按海岸带综合地质勘查规范，海岸带是指自高潮线向内陆延伸不少于10公里，向海延伸至15米水深的狭长地带；浅海一般自浪（波）基面（一般水深10–20米）起算，下限以海水深度200米为划分界限。因此，近海砂矿包括滨海砂矿和浅海砂矿。

滨海砂矿是在波浪、潮汐、沿岸流、入海河流等水、风综合动力条件下富集形成的、分布于现代滨海松散沉积物中、有工业价值的轻重矿物岩石碎屑或生物碎屑的堆积体。

浅海砂矿，有时也称为陆架砂矿，是在波击面之下，在潮汐、海流等水动力条件下富集形成，分布于浅海海域或大陆架区域的松散沉积物中、有工业价值的轻重矿物岩石碎屑或生物碎屑的堆积体。

根据砂矿的工业类型–矿物类型，可将近海砂矿分为贱金属矿物（如磁铁矿、赤铁矿、褐铁矿、钛铁矿、锡石等）、宝石和碾磨型矿物（如石榴石、锆石、电气石、十字石等）、稀有和贵金属矿物（如独居石、金、铂等）、玻璃原料（石英砂）和建筑材料（砾石、砂砾石和粗砂等）。

3. 油气资源

南海海域内具有丰富的油气资源和天然气水合物资源。根据中国国土资源部信息中心，中国地质调查局，广州海洋地质调查局，青岛海洋地质研究所，原石油部，中国科学院海洋研究所，中国海洋石油总公司南海东部、西部公司及与其合作的国外石油公司等单位所获地质、地球物理和石油天然气肯差、开发资料，以及国外有关资料的综合分析研究，南海海域具有石油、天然气、天然气水合物的生成、运移、储集、圈闭、保存等优越的成矿地质条件，被称为"世界五大海洋油气区（波斯湾、里海、

加勒比海、南中国海、墨西哥湾）之一"。主要表现为：沉积盆地多、分布广、厚度大；油气生成的层次多；油气储集层类型多；圈闭类型多；保存条件好。

4. 天然气水合物

　　天然气水合物（又称可燃冰）通常是在温度低于10°C、压力高于10MPa的松散沉积物中形成的，深度一般在海底以下300~1000米。中国原地质矿产部第二海洋地质调查大队从20世纪80年代便已注意到南海海底沉积物中可能有天然气水合物的存在。他们分析了大量的多道地震反射剖面和近300个地震声呐浮标站的测量资料，结果发现在东沙群岛南部陆坡、西沙群岛以南陆坡和中沙群岛以西陆坡等这些海区的地震反射剖面中都有似海底反射层的存在，因此推测这些海区的海底沉积层中可能有天然气水合物存在。在南海北部的165个声呐浮标站中有9个站测得海底第一层沉积物的声速与其余站的海底第一层沉积物的声速完全不同，据此推测这9个声呐浮标站的海底第一层沉积物中，除位于珠江口外珠江海谷出口处的一个站可能是浊流沉积物，其余8个站的海底第一层沉积物都可能是由于存在天然气水合物而使该处的沉积物声速增加。

四、南海风云

　　南海，是一个大陆和海岛环抱的半封闭的海盆。虽然它与西太平洋暖池、孟加拉湾、阿拉伯海同处热带纬度，但由于地理位置和海陆配置的不同，不仅具有自己独立的海洋环流，而且形成了颇具特色的热带季风气候。

带你走进博物馆

《南海自然生态陈列》展厅

（一）气候特点

　　南海诸岛地处热带，雨量丰沛，热量充足，全年皆夏，无四季之分。只是由于季风影响，可以分为干湿两季。年平均气温26℃以上，全年气温波动不大，年平均温差仅4-8℃，年降水量在1500毫米以上。这种优越的气候条件，十分有利于各种生物的生长发育。

（二）南海季风

　　南海及南海诸岛全部位于北回归线以南，接近赤道，属于赤道带、热带海洋性季风气候。南海地区处于东亚季风南边缘，随着季节的变化，风向、风速亦随之改变。总的来说，南海冬半年盛行偏北风，夏半年盛行偏南风，季风气候明显。

（三）潮汐现象

　　潮汐现象是沿海地区的一种自然现象，指海水在天体(主要是月球和太阳)引潮力作用下所产生的周期性运动。习惯上把海面垂直方向涨落称为潮汐，而海水在水平方向的流动称为潮流。

　　海洋的潮汐中蕴藏着巨大的能量。在涨潮的过程中，汹涌而来的海水具有很大的动能，而随着海水水位的升高，就把海水的巨大动能转化为势能；在落潮的过程中，海水奔腾而去，水位逐渐降低，势能又转化为动能。

（四）海洋灾害

　　海洋灾害可以大致划分为环境灾害、地质灾害和生态灾害3种，如风暴潮是属于环境灾害，赤潮则属于生态灾害。无论哪种灾害，其发生，必然会对人们的日常生活与经济社会发展带来多方面不良影响。

1. 风暴潮

　　风暴潮是指由强烈的大气扰动，如热带气旋（热带低压、热带风暴、强热带风暴、台风、超强台风）、温带气旋等引起的海面异常升高现象。风暴潮具有数小时至数天的周期，通常叠加在正常潮位之上。当风浪、涌浪叠加在前者之上，由这三者结合而引起的沿岸海水暴涨常常会酿成巨大潮灾。

2. 海浪

　　海浪是发生在海洋中的一种海水波动现象，是由风产生的波动。海浪的种类可大致分为风浪、涌浪、混合浪和近岸浪4种。由台风的强风引起的巨大海浪称为台风浪，它属于灾害性海浪的一种，会给航海、海上施工、渔业捕捞和海上军事活动等带来灾害。南海由于面积广阔，水深浪高，故受台风浪的影响较大。

带你走进博物馆

3. 赤潮

　　赤潮是海洋中某种浮游植物在一定条件下暴发性增殖而引起海水变色的一种有害的生态异常现象。赤潮并非都是红色，会随着引发赤潮的不同生物种类而呈现不同的颜色。

　　南海海水水体交换较好，一般不易形成大面积的赤潮，南海海域也是中国目前较为洁净的海域。但近年来，随着工农业生产的发展，城市人口的增加，大量工业废水和生活污水排入海洋，近海养殖也向水域中投放了大量的饵料，以上种种原因导致浅海中各种微量元素增加，加快了海水的富营养化，给赤潮灾害生物的大量繁殖提供了丰富的营养物质。

赤潮灾害

五、保护南海

　　浩瀚的南海素有"蓝色聚宝盆"之美誉，是我们赖以生存的"蓝色家园"。南海生态环境保护状况存在的隐忧是我们不容忽视的。如海岸侵蚀、珊瑚礁及红树林生态系统退化及遭人为破坏等，危及了海洋生态的安全。

　　碧蓝的海水，洁白的沙滩，良好的生态令人心醉，然而，快餐盒、塑料袋、渔网等海洋垃圾不时漂浮于海面，污染了美丽的南海。

　　研究显示，海洋垃圾对人类、自然界生物及环境的危害是多方面的，不仅影响海洋景观，威胁航行安全，并对海洋生态系统的健康产生负面影响。对于海鸟、海龟等

带你走进博物馆

《南海自然生态陈列》展厅

小型动物来说，塑料袋、渔网等海洋垃圾已成公认的"杀手"。海洋生物往往将一些塑料制品误当食物吞下，如海龟就特别喜欢吃酷似水母的塑料袋。塑料制品在动物体内无法消化和分解，误食后会引起胃部不适，甚至死亡。

"绿色和平"组织发现至少267种海洋生物因误食海洋垃圾或者被海洋垃圾缠住而备受折磨，并导致其死亡，这对海洋生物来说是种致命的伤害。另外，海洋垃圾可通过生物链危害人类，如重金属和有毒化学物质可通过鱼类的食入而在体内富集，人吃了这些鱼类势必对人体健康构成威胁。

南海目前的自然生态态势并不乐观，南海的生物多样性在日益衰减。在未来的某一天，当我们只能从博物馆，只能通过标本，了解到已经灭绝或已濒危，甚至在今日仍为优势的众多物种时，人类离自身的灭绝也已时日不远。没有人愿意目睹这一幕，也没有人愿意经历这样的时刻。在此，我们郑重呼吁：保护南海，保卫家园，虽任重道远，但你我同责。

八百年守候——西沙华光礁I号沉船特展

　　八百年前，一艘满载货物的南宋商船，当航行到"千里石塘、万里长沙"的西沙群岛华光礁处，不幸沉没。数百年来，它被浪击水冲，石撞沙掩与历朝历代民船官船一起，默默倾诉着中国先民未了的航海心路，记载着东方海洋文明悠长的历史。

　　八百年漫长的等待，华光礁I号成功出水，这是中国水下考古工作向远海迈出的重要一步，丰硕的水下考古成果再现了华光礁I号的前世故事，见证着中国人民跨洋远航的盛景，还原了中西方文化、贸易往来的辉煌历史，续写着"一带一路"的今生传奇。

《八百年守候——西沙华光礁I号沉船特展》展厅

带你走进博物馆

一、南溟水土留船迹

　　华光礁位于西沙群岛西南部的永乐群岛，东西延伸16海里，南北跨5海里。下层由成片的柱状珊瑚骨骼构成，航行船只极易触礁。华光礁Ⅰ号沉船的地点位于礁盘内侧，距礁盘外缘约50米的距离。

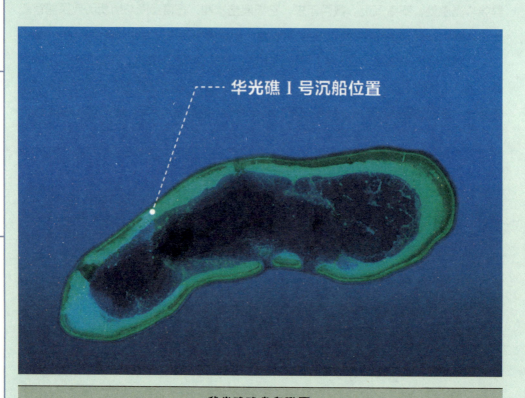

华光礁Ⅰ号沉船位置

华光礁礁盘鸟瞰图

华光礁Ⅰ号沉船遗址

带你走进博物馆

二、帆影归处现华光

- 发现沉船

　　1996年，海南省琼海市潭门镇渔民在西沙群岛华光礁礁盘内作业时，发现一处沉船遗迹。遗物散布面积约1000平方米，有瓷器、铁器、铜器等。1997年此处沉船遗址由于多次遭到非法盗捞，破坏严重。在海南省有关部门严厉打击下盗掘行为得到遏制。

华光礁Ⅰ号沉船遗址

• 考古发掘

　　1998-1999年，中国历史博物馆水下考古工作研究室对遗址进行了试掘，定名为"华光礁Ⅰ号"沉船，出水文物1800余件；2007-2008年水下考古队员再次对"华光礁Ⅰ号"沉船遗址进行抢救性发掘，出水船板511块，共出水文物逾万件。西沙群岛华光礁Ⅰ号南宋沉船遗址的发掘，是中国水下考古从近海走向远海的成功探索，为中国水下考古发展起到积极的推动作用。

三、沉舟侧畔皆陶瓷

　　华光礁 I 号沉船出水文物逾万余件，以陶瓷器为主，另有铁器、少量铜器残片以及木质船板。陶瓷器中以青白瓷居多，青瓷次之，酱褐釉器最少。器型主要有碗、盏、盘、碟、盒、执壶、瓶、罐、瓮、壶、钵、军持等。瓷器窑口集中在福建、江西等地。87%为产自闽南民窑的产品。主要有闽清窑、磁灶窑、德化窑和松溪窑、罗东窑以及景德镇湖田窑等，其工艺、造型、纹饰各具特色。这些器物的所属年代为南宋中期，并由此确定华光礁 I 号沉船年代为南宋中期。

水下考古现场

带你走进博物馆

• 青釉刻划吉字大碗

南宋，口径24.4厘米，底径7.5厘米，高6.4厘米，华光礁Ⅰ号沉船出水，罗东窑产品。釉色青黄，碗底有"吉"字，碗壁刻划传统花草纹，与"吉"字相配，寓意吉祥。

青白釉印花粉盒

青釉刻划吉字大碗

• 青白釉印花粉盒

在西沙华光礁Ⅰ号沉船遗址出水的诸多瓷器当中，粉盒数量最多，有三千多件。分为大、小两种。制造方式与形式基本相同，底部略凹、子母口，盒盖上有不同的花卉印花装饰。华光礁Ⅰ号沉船出水大量粉盒，说明当时不仅国内女性使用，也大量销往海外。

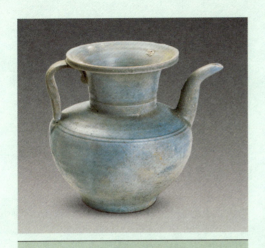

青白釉弦纹执壶

• 青白釉刻花纹花口瓶

　　南宋，口径7.9厘米，足径8厘米，高15.8厘米，华光礁Ⅰ号沉船出水，景德镇窑产品。花口，呈壶形，弧壁，平底。胎体轻薄，釉色莹润。瓶身根据口沿的花瓣形状，连贯烧制。

• 青白釉弦纹执壶

　　南宋，口径11.1厘米，底径7.8厘米，高20.5厘米，腹径14.7厘米，华光礁Ⅰ号沉船出水。撇口，直径，折肩，扁圆腹，一侧置弯曲的长流，另一侧置曲柄，圈足。通体施青白釉，在颈、肩、腹、胫处刻弦纹，素雅恬静。

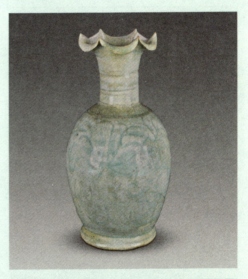

青白釉刻花纹花口瓶

带你走进博物馆

黑釉碗

- 黑釉碗
  南宋，口径10.8厘米，底径4厘米，高4.7厘米，华光礁Ⅰ号沉船出水，福建武夷山遇林亭窑产品。

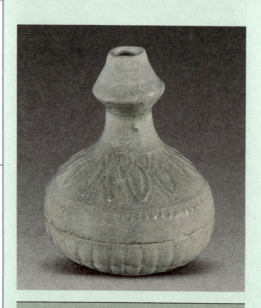

青白釉莲瓣纹葫芦瓶

- 青白釉莲瓣纹葫芦瓶
  南宋，口径1.3厘米，足径4.8厘米，高7.9厘米，华光礁Ⅰ号沉船出水，景德镇窑产品。外壁刻划莲瓣纹，刀法随意自然。葫芦，因与福禄谐音，自古尽得青睐。

· 酱釉小口陶罐

　　南宋，口径2.8厘米，足径5.1厘米，高10.5厘米，小口，圆肩，鼓腹，平底，华光礁Ⅰ号沉船出水，磁灶窑产品。磁灶窑酱黑釉多施于器物腰鼓部，器体的下端常常不施釉。宋元时期，磁灶窑产品生产工艺博采众长，以海外市场为导向，大量销往东亚、东南亚、南亚和东非许多国家和地区。

酱釉小口陶罐

· 酱釉军持

　　南宋，口径6厘米，足径7厘米，高10厘米，华光礁Ⅰ号沉船出水，磁灶窑产品。军持是印度梵语音译，意为"水瓶"。南宋时期，东南亚国家的印度教与佛教僧侣及其信众都使用这样的军持。

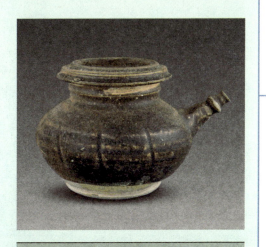

酱釉军持

带你走进博物馆

四、残舟断楫是福船

（一）华光礁Ⅰ号

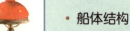

• 船体结构

通过对华光礁Ⅰ号出水船板、船体结构、船上文物等进行研究，判断华光礁Ⅰ号沉船为中国四大古船之一的福船。宋代福船的载重量大多在60-120吨左右，并以松木或杉木制成。船侧板和壳板有二或三重，并以桐油、石灰粘缝，防止漏水。船上有抛泊、驾驶舱、起旋、转帆、测深等部件，设备完善，保证航行安全快捷。船中设有水密隔舱，有着较高的抗沉性能。船底呈V字形，能够利用各种风帆，快速航行。

华光礁Ⅰ号复原船

- 华光礁 I 号船板

华光礁 I 号沉船出水船体511块，大部分船板长5-6米。船板因在海水中浸泡800年之久，或糟朽，或被生物腐蚀，需要对出水后的船板进行去除表面凝结物、脱盐、脱水定型及修复等技术保护措施。

（二）造船技术

- 水密隔舱

水密隔舱是用隔舱板把船舱分隔成各自独立的一个个舱区，每个舱区与舱区之间密闭而不相通。这样的结构使船舶在航行中即使舱位破损一两处，也不至于导致全船进水而沉没；只要对破损进水的舱进行修补堵漏，可使船继续安全航行。此项技术是我国造船技术的一项重大创造。

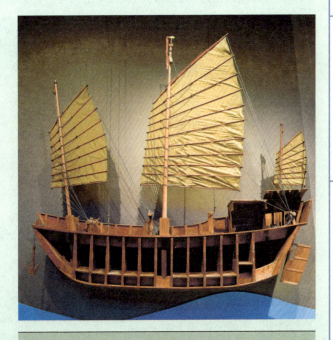

水密隔舱

 带你走进博物馆

- 龙骨结构

　　华光礁Ⅰ号甲板平整，船舷下削如刃，船的横断面为V形，尖底船下设置贯通首尾的主龙骨与尾龙骨均用松木制成，连接在主龙骨一端的艏柱用樟木制成，用于支撑船身，使船只更坚固，抗御风浪能力强。

- 多重板鱼鳞式搭接技术

　　"多重船板"，是指船壳外板叠加搭接工艺，采用优质铁钉钉固联结的方式。船体承受的纵向弯曲力、水压力、波浪冲击力等各种外力首先作用在船壳板上。多重板具有很高的防止船外水渗透的能力。"华光礁Ⅰ号"沉船是我国首次发现的有六层船板的古代海船，"厚有六板之船"也并非说该船建造时就装有六重板的，而是指每年维修并逐年加层，最多加至六层。

　　"多重船板"的搭接方式，又俗称为"鱼鳞册"，这也是古代流传于泉州地区的一种船舶建造工艺。这种"鱼鳞册"多重外板对于增

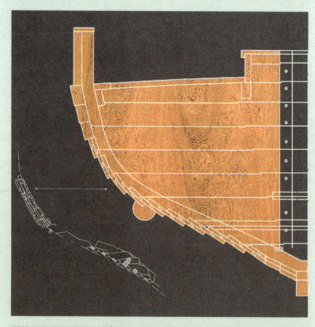

鱼鳞搭接与多重板结构

强船体强度、分散风浪冲击力有着至关重要的作用，其与"多重船板"结构是相辅相成的。

· 水手结

　　水手以打结方式固定绳索，不同部位有不同的打结方式。具有经得起风吹日晒水泡、长久稳固，不易解开等特点。

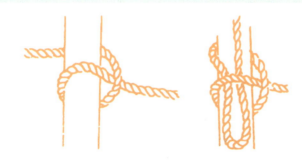

小艇结：小艇被拖带时系结拖缆用

拖木结：用于拖拽、吊放圆材或长形物体

水手结

带你走进博物馆

五、直挂云帆济沧海

　　早在新石器时代，沿海的先民们就开始使用简单的航海工具远涉重洋。汉武帝拓展八方，在徐闻、合浦等地发船远洋、通使互贸，东方大国的魅力初显于世界舞台。历经两晋隋唐的发展，至宋元时期，海外贸易达到鼎盛。明初，郑和下西洋创造了帆船时代航海的壮举。高度发达的海上贸易促进了人员的往来和文化交流。这些陶瓷器、金属器、玻璃器等丝路遗珍正是当时外销经济繁荣发展的证明。

展厅场景

- 四系带盖陶罐

　　宋代，腹部最大径17.9厘米，高21.7厘米，西沙海域出水。为提高出海船只货物装载量，大的陶器罐内装填以小蝶、小罐、粉盒等小物品。该陶罐中套装有大量的成组套的瓷粉盒，再现了当时的货物装载方式。

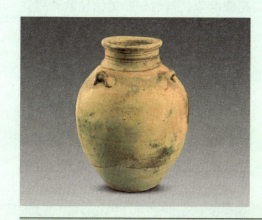

四系带盖陶罐

- 铜钱胶结块

　　明代，长45厘米，宽32.4厘米，高18.7厘米，西沙北礁出水。众多铜钱因长期沉没海底与珊瑚粘在一起，状似小山，故名"钱山"。大量钱币在水下的发现出水，为研究海上丝绸之路上贸易交流提供了实物资料。

铜钱胶结块

• 影青塑龟碗

　　南宋，口径15.3厘米，底4.8厘米，高4.8厘米，西沙海域出水。其中独特之处在于碗底正中，塑一龟，在古代龟是祥瑞和长寿的象征。此碗内壁刻祥云，祥云之上还刻有天官人物形象，有天官赐福之意。

• 镂空青花盘

　　清代，口径19厘米，底10.7厘米，高2厘米，盘内以青花绘山水楼阁。这种山水楼阁纹饰多用于十八世纪的青花瓷盘中，是这一时期销往欧洲的外销瓷。在欧洲人眼中，中国的山水画虚实相生，宁静空灵充满魅力。这些绘画给人以神秘的美感，因此这样的异域装饰图案频繁出现在外销的各种器皿上。

影青塑龟碗

镂空青花盘

• 人物瓷俑

　　高7.5–11.5厘米，为瓷塑玩具，德化窑产品。德化窑瓷器，其釉为纯白釉，色泽光润明亮，乳白如凝脂，被誉为瓷器中的玉器，也称为"象牙白"或"猪油白"。德化窑白瓷是我国历代外销瓷器的主要品种之一，在国外很有影响力，被外国人赞誉为"中国白"。瓷俑多为观音、达摩、传教士等人物形象。

人物瓷俑

带你走进博物馆

带你走进博物馆

琉璃台灯

• 琉璃耳环

  明代，直径3.5—4厘米，西沙海域出水。琉璃是二氧化硅与其他金属氧化物混合烧制而成的釉制物，随着配入的金属物质比例不同而呈现不同的颜色。琉璃以绿、黄为主，其色彩美轮美奂，品质晶莹剔透、光彩夺目。

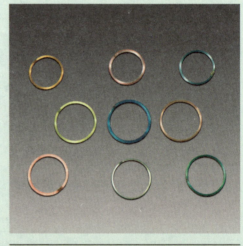

琉璃耳环

• 琉璃台灯

  清代，高59厘米。上部为红色琉璃灯罩，以深蓝色珐琅作为台灯底座，腹部玻璃上绘制西洋画，灯罩与底座均镶嵌镀铜金属纹饰，亦为中西方文化的融合。

· 琉璃手镯

　　明代，直径6.9厘米，西沙海域出水。琉璃因颜色五彩斑斓又名五色石，此款琉璃手镯为深蓝色，通透、简约、不失高雅。

琉璃手镯

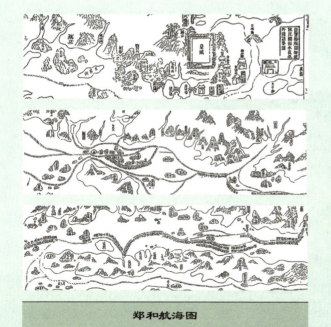

郑和航海图

· 郑和航海图

　　原名《自宝船厂开船从龙江关出水直抵外国诸番图》，约成于洪熙元年（1425年）至宣德五年（1430年），郑和第六次下西洋之后。明代茅元仪收入《武备志》中。

　　全图以南京为起点，最远至非洲东岸的慢八撒(今肯尼亚蒙巴萨)。图中不仅标明了航线和所经过的约五百个亚非各国地名，还记载着船队往返的针路。

带你走进博物馆

广彩人物大碗

• 广彩人物大碗

　　清代，口径28.5厘米，底14.4厘米，高12.2厘米。广彩瓷是广州织金彩瓷的简称，广彩瓷采用粉彩、五彩、青花加彩等多种装饰方法，融合西洋油画技法，十分富有立体感。此件广彩人物大碗外壁与碗底的彩绘融合了西洋油画技法，多用金彩，绚彩华丽。

带你走进博物馆

广彩碗（欧洲铜饰）

• 广彩碗（欧洲铜饰）

　　清代，通高31厘米，通宽42.5厘米。此件广彩大碗口沿处及底部镶嵌镀铜装饰，此类镀铜装饰为欧洲人二次加工而成，加上铜饰后的广彩瓷外表更为华丽。

带你走进博物馆

社会教育

一、海南省爱国主义教育基地

2017年，中国（海南）南海博物馆获批"海南省爱国主义教育基地"，积极发挥爱国主义教育基地的作用，展示南海人文历史、自然生态、水下文化遗产，弘扬爱国主义精神，培育广大民众的海洋意识。

中国（海南）南海博物馆以蓝色爱国主义教育为主，面向各中小学义务宣讲南海人文历史、自然生态和水下文化遗产等相关知识。同时，精心组织蓝色爱国主义教育活动，扩大社会影响力，弘扬和培育民族精神。在重大历史事件和传统节假日等有着特殊意义的日子，举行各种庆祝、纪念活动和仪式；开展暑期系列活动，丰富学生们的假期生活，增加亲子家庭间的交流，加深对南海历史和博物馆的认识；策划研学课程、组织开展研学活动、党员活动、讲座、进校园、进军营等形式多样的文化教育活动；积极采取"请进来""走出去"的方式，组织展览讲解和社会教育活动加强与学校、部队的联系与协作，扩大教育覆盖面。

中国（海南）南海博物馆开展的系列教育活动通过不断的探索、创新取得了良好的社会效益。在未来的工作中中国（海南）南海博物馆将一如既往地坚持正确的方针政策，在以历史、文物为重的基础上，加入以人为本的理念和服务模式，结合观众的多方面需求，将博物馆打造成培育民族精神的文化基地，使更多的观众获得积极的博物馆体验。

社教活动现场

社教活动现场

带你走进博物馆

二、全国中小学生研学实践教育基地

　　随着研学旅行的兴起，博物馆的研学教育在中小学研学课程中所占的比重越来越大，博物馆类研学课程的开发和完善就显得尤为重要。中国（海南）南海博物馆作为首批全国中小学生研学实践教育基地，结合自身资源特点，依托陈列展览不断完善开发与学校教育内容衔接的研学实践课程，通过"走进博物馆"和"流动博物馆进

研学活动现场

校园"等形式让更多的学生参与其中。"南海家园系列"和"未来海上系列"是我馆持续开展的精品教育活动，也是博物馆与学校合作开展特色教育的不断尝试。其中《礼赞红树林》《五彩珊瑚礁》《我身体里的鱼》《奇妙的贝壳世界》《蓝色南海我的家》《小小造船师》等主题研学课程自开展以来受到了广大师生的欢迎和好评。

学习独具特色的南海文化，与文物和标本近距离接触，动手参与手工体验活动，不但增长了知识，而且培养了实

带你走进博物馆

研学活动现场

践技能，提升了学生综合素质。在研学讲解过程中，讲解员改变过去"我讲你听"的模式，而是使用互动交流的方式，通过提问、启发、发放学习任务书、小奖品等灵活多样的方式，充分调动学生积极性，让学生参与进来，使历史文化知识变得有趣和生动，使学生学有所获。

中国（海南）南海博物馆将更加紧密地与学校合作开展教育活动，传播博物馆的历史文化知识，为更多的学生提供社会实践与文化学习的机会，逐步成长为学生了解南海历史文化必不可少的"第二课堂"。

带你走进博物馆

研学活动现场

三、讲解员队伍建设

随着海南省经济的发展，自由贸易区（港）的设立，前往博物馆参观的人员不断增加，而作为博物馆教育职能发挥的重要环节——讲解也面临着新时期下的新要求。在这一任务中，承担最重要角色的，正是博物馆中的讲解员。这就要求加强博物馆讲解员队伍的建设。

1. 正确认识博物馆讲解工作

讲解作为博物馆社会教育的一种手段，它与演讲朗诵、讲故事不同。讲解员应从引导、介绍注释和宣讲教育等方面向观众传达文物的内涵，达到传递爱国主义精神的目的。为此，中国（海南）南海博物馆邀请中国社会科学院中国边疆研究所李国强研究员在我馆学术报告厅开展南海历史研究讲座，邀请武汉理工大学船史研究院顿贺教授对中国福船古法造船技术对我馆讲解员进行了培训，使讲解员的知识能力得到了提升。

2. 积极参加讲解员大赛

2017年4月，海南省文化广电出版体育厅和海南省博物馆联合举办了"海南故事——全省博物馆讲解员大赛"。中国（海南）南海博物馆、海南省博物馆、琼海市博物馆等近20家文博单位(含民办博物馆)参与和现场观摩，共有来自全省的25名优秀

带你走进博物馆

的讲解员参加了本次比赛。中国（海南）南海博物馆3名专职讲解员参加了比赛。通过活动，普及了南海的人文历史以及南海海上丝绸之路的荣光辉煌史，促进了讲解员讲解素质的提升。

参加讲解员大赛

3. 建立讲解员考核制度

　　对讲解员的素养、讲解质量和深度进行培训，并提出更高要求。中国（海南）南海博物馆公共服务部成立考核小组，在规范讲解语言的基础上，定期对讲解员依次进行各展厅的深度考核，纠正讲词中的偏颇之处，完善扩充讲解内容，及时加入最新研究成果。同时，建立《工作监督制度评定》和《讲解员量化考核制度》，根据讲解员的日常工作、业务能力、服务规范、仪容仪表、有无投诉等方面，对馆内专职讲解员提出量化标准，每月进行考核。

讲解员队伍

带你走进博物馆

4. 加强与外界的交流和学习

　　博物馆要求讲解员提升本身的综合素质，从而打造成知识型和智慧型的优秀讲解员。为此除馆内自身开展的业务能力培训外，我馆派讲解员外出培训，增加与外界的交流。

　　自开馆以来，中国（海南）南海博物馆先后派多名讲解员前往故宫博物院、中国国家博物馆、首都博物馆、南京博物院等多家国家一级博物馆交流学习，并积极参加中国博物馆协会举办的讲解员培训班和高级研讨班，进一步提高了讲解员的自身素质和讲解水平，增加了讲解员学习锻炼和与文博同行交流的机会。

学术交流场所

国家4A级旅游景区

　　随着社会人文历史越来越受到各界人士的关注，来到中国（海南）南海博物馆参观寻访历史的观众络绎不绝。我馆自2018年4月26日正式开放以来，馆内秩序井然、服务周到，得到了广大游客的一致赞誉。

　　2019年10月11日，中国（海南）南海博物馆被批准为国家4A级旅游景区，为海南省首批博物馆类创A单位。中国（海南）南海博物馆创建4A级旅游景区是在文旅融合背景下的一个有意义的尝试，今后，我馆将充分利用自身平台和资源优势，按照国家4A级景区标准，探索景区运营与标准化管理模式，促进公众服务提质增效，加强博物馆文化辐射力，助力海南省文化旅游和全域旅游建设，更大地限度发挥中国（海南）南海博物馆的作用。

带你走进博物馆

国家4A级旅游景区

参观指南

开放时间：周二至周日9：00-17：00，16：30停止入馆

　　　　　周一闭馆整休（不含国家法定节假日）

单位地址：海南省琼海市潭门镇博物馆 1 号中国（海南）南海博物馆

邮政编码：571431

预约电话（传真）：（0898）62605666

办公电话（传真）：（0898）62708600

预约邮箱：nhbwg01@163.com

官方邮箱：zghnnhbwg@vip.126.com

官方网址：www.nanhaimuseum.org

详情请关注微信公众号